JN123906

九州異世界遺産

本田純一
Honda Junichi

海鳥社

はじめに

　私は普段写真家として活動しているが、かねてより退廃的な雰囲気を持つ場所や長い歴史を刻んだ場所に感銘を受ける性分であり、様々な場所へ足を運び撮影を続けてきた。

　昨今、各地の有名な観光地とは別に、知る人ぞ知るといった感じの一風変わった景観や歴史を持つ場所に惹かれる人が増えており、「ディープスポット」として認知されるようになってきた。インターネットやSNSなどで少し調べれば様々な情報が公開されており、情報収集にもさほど苦労しない。もちろん、私自身もその恩恵を受けており、つくづく便利な時代になったと思う。

　写真を撮る者として、被写体の見栄えは非常に重要である。それが、足を運ぶ上で最も大きなモチベーションになることは言うまでもない。しかしながら、その場所や建物が持つ歴史やエピソードを知ると、何倍にも魅力が増してくるものだ。本書には写真とともに簡単な紹介文もつけているので参考にしていただきたい。

　先述の通り、私は写真家であるため、本書の写真は多少なりともこだわりを持って選出している。これらの写真や文章によって、その場所に興味を持ち、保存・活用にまで思いを巡らせていただけるとありがたく思う。

　最後に、本書に掲載している写真は、私が過去何年にもわたって撮影してきたものである。中には、火災や自然災害、あるいは老朽化による解体などで現存しないものや、状況が変わっている所もある。過去には確かに存在していた「記録」として捉えていただけると幸いである。

Contents

目次

はじめに 2

市場・アーケード

近代建築・産業遺構

生活・娯楽・大衆文化

神社仏閣・パワースポット

市場
アーケード

　昭和の時代、特に戦後の復興期には全国各地に多くの市場が生まれた。中には闇市を起源とするものも少なくないが、そのどれもが庶民の生活を支えていた。昭和50年代まで隆盛を誇ったこれらの市場やアーケード商店街も、スーパーマーケットや大型商業施設の台頭によって減少の一途を辿ってきた。

　しかし令和の世となった今でも、そのすべてが消えてしまったわけではない。昔ながらの常連客に支えられ、数十年前と変わらぬ姿で営業を続けているもの。リノベーションされて飲食店を中心に成り立っているもの。その規模や立地条件の良さから、観光名所として賑わっているもの。その現状は様々だが、今も確かに存在しているのである。

　おそらく、これから新しく生まれてくることはないであろう市場やアーケード。貴重な昭和の文化をこれからも末長く伝えてもらいたいものである。

旦過市場

川にせり出した市場の建物。旦過市場を象徴する景観だが、防災的観点から近く再整備の予定という

01 | 旦過市場

福岡県北九州市小倉北区魚町／マップp.171 B

　北九州市民の台所として有名な旦過市場。この手の市場としては驚くほど現在でも活気に満ち溢れている。

　旦過市場は歴史も古く、大正時代には、船から荷揚げしたものを売る商人の姿があったといわれる。戦中・戦後を経て、闇市的な存在から、周辺住人の生活を支える商店街として発展してきた。

　現在まで繁栄し続けてきた要因として、立地条件もさることながら、隣接するス

ーパーマーケットなどとの共存を積極的に進めてきたことも大きい。2022（令和4）年、2度の火災に見舞われ、広範囲が消失してしまったが、徐々に営業を再開する店舗が増え、活気を取り戻しつつあるようだ。

　長い歴史を持ち、市民の生活に根づいた商店街は、これからも新たな歴史を刻み続ける。

歴史を紡ぎ続ける
北九州の台所

下の1枚は2022年の火災直後。変わり果てた市場の姿を呆然と見つめる北九州市民の姿が印象的であった

02│到津市場

福岡県北九州市小倉北区下到津／マップp.171 B

到津市場は北九州市小倉北区にある市場。1940（昭和15）年頃にできたというこの市場には、歴史を物語る空間が木製アーケードの中に今も残されていた。

ほとんどの店のシャッターが閉まっているが、年季の入った店舗の看板がそこかしこに並び、賑やかだった頃の雰囲気を偲ばせる。

アーケード商店街にはよくある光景だが、店舗は2階建てになっており、住居も兼ねていたのであろう。2階の割れた窓ガラスから生活の跡が垣間見える。

今や政令指定都市となっている北九州市はかつて鉄鋼業で発展し、全国から多くの労働者たちが集まった。北九州各地に残る木造アーケードは、その繁栄を物語る生き証人でもある。

木造アパートの集合体のようなレトロアーケード

03 | 枝光中央商店街

福岡県北九州市八幡東区枝光本町／マップp.171 B

　枝光中央商店街は、枝光本町商店街から横に伸びる形でつくられた木造アーケード商店街。日本の近代化を語る上で欠かせない八幡製鉄所の近くにあり、製鉄所関係者の生活を支え続けてきた。

　製鉄所とともに繁栄を築いてきたが、1960年代以降、製鉄所の主要部門や事務所を八幡地区から戸畑地区に移転させる動きが顕著になるにつれ、商店街の賑わいにも徐々に陰りが見えてきた。

　その後も昔ながらの姿を残していたが、2022（令和４）年10月の火災で一部店舗が消失。幸い比較的早めに鎮火できたため全焼は免れ、今も営業を続けている。

04 | 貞元市場

福岡県北九州市八幡西区熊西／マップp.171 Ⓑ

　JR黒崎駅近くの国道３号線沿いに、時代に取り残されたような小さな市場がある。それが貞元市場だ。

　周囲に大型商業施設が立ち並ぶ中、異様とも思える空間が存在している。目の前には横断歩道もあって人通りも多いが、地元民だろうか、道ゆく人は目もくれることなく通り過ぎてゆく。

　おそらく、そのほとんどの人が生まれる前からここに存在しているであろう商店街。異色の存在でありながら、街の風景に溶け込んでいるような、不思議な感覚を抱かせる。

　実は現在も、不定日ながら営業を継続している店舗があり、市場の歴史を今もつないでいることは驚きであった。

大通り沿いで静かに佇む
小さな木造市場

05 │田川ごとうじ銀天街

福岡県田川市本町／マップp.172 D

筑豊地区の歴史を語る上で外すことはできない炭鉱。中でも最大の規模を誇ったのが三井田川炭鉱だ。田川には伊田と後藤寺という2つの繁華街があるが、その後藤寺に今も残っているのが、田川ごとうじ銀天街だ。

現在はそのほとんどがシャッターを閉じているが、中には戦後間もない頃から店を構え、元気に営業を続けている店舗が存在する。かなり大きいアーケードで、最盛期にはさぞかし多くの人で賑わっていたであろうことが容易に想像できる。

実際に筆者が訪れた際、とある店主に40年近く前の商店街の様子を撮影したビデオを見せていただいたが、そこには今とは比べものにならないほどの活気が映し出されていた。と同時に、今はほぼシャッター街となっているものの、アーケード自体はさほど変わっていないことにも気がついた。つまり、当時の姿がそのまま現在も残されているということだ。紛れもない昭和の商店街の姿が、今も変わらずここにある。

炭都・田川の栄華を今に伝える商店街

上：この商店街で70年以上営業を続ける「双葉屋」。現在の店主は2代目となる須々木さん夫妻。店内は昭和の懐かしい雰囲気を色濃く残す

06 | 祇園ビル

福岡県福岡市博多区上川端町／マップp.171 C

祇園ビル（祇園マーケットとも呼ばれる）は、福岡の夏の風物詩「博多祇園山笠」で知られる櫛田神社に隣接する雑居ビル。大型商業施設の「キャナルシティ博多」とも近く、まさに繁華街の中心地に位置する。

1階はテナントが入り、2階・3階は主に住居となっているこのビルは、1950（昭和25）年に竣工した、福岡市に現存する中では最古級の鉄筋コンクリート造りのアパートである。

周囲は人通りも多く、1階にある店舗は大変賑わっているが、ふと視線を2階・3階部分に向けると、明らかに周りの建物とは違う歴史を刻んだ壁や窓枠がこちらを見下ろしている。

ビルの中へ足を踏み入れてみると、外の雑踏とは別世界のような空間が広がっていた。しばらくすると、自分が博多の中心にいることを忘れてしまいそうな気持ちになる。

福岡市内最古級の鉄筋コンクリートアパート

中心部が吹き抜けとなっている祇園ビル内部。多少いびつな造形がいっそう異空間を感じさせる。コメディアンの故小松政夫さんが幼少期に住んでいたという

07｜三角市場

福岡県福岡市中央区渡辺通／マップp.171 Ⓒ

　九州一の繁華街である福岡天神から電車でひと駅先に位置する薬院。その薬院駅からほど近い幹線道路沿い、高層ビルに囲まれるように残る三角市場。

　目の前をひっきりなしに駅利用者やビジネスマンが歩いており、恐らくその誰もが気に留めることなく当たり前のように存在してきたこの市場。しかし、一歩足を踏み入れると、周りの雰囲気とは全く別の空間が広がっていることに驚かされる。実は、1950（昭和25）年からこの地に存在する歴史ある市場なのだ。戦後すぐに渡辺通1丁目にできた闇市を前身とし、1950年に今の場所へ移転してきたという。

　名前に「市場」とある通り、昔は八百屋や金物屋、呉服屋、食堂などが軒を連ねていたらしいが、現在では主に飲食店が入っており、賑わいを見せている。し

かし、木造アーケードの昭和感溢れる雰囲気は健在であり、福岡の戦後復興期を支えてきた数少ない生き証人が、ここに存在しているのである。

繁華街に今も存在する闇市の名残

ついに失われた
福岡の異世界

08 | 赤坂門市場

福岡県福岡市中央区赤坂／マップp.171 C

　オフィスビルが立ち並ぶ赤坂の街の一角に、長い間異彩を放っていた空間があった。それが赤坂門市場だ。開設されたのは戦後間もない1948（昭和23）年頃で、最盛期には25店舗ほどが軒を連ね、買い物客で賑わっていたという。

　戦後、全国至る所で、生活に直結する食品や日用品を売る商店が寄り集まり、自然発生的に商店街やアーケードが誕生した。今や九州随一の繁華街となった福岡もその例外ではなく、商店街ができるのは必然の流れであった。しかし、都心部であるがゆえに早くから周りにショッピングセンターなどができ、徐々に客足

を奪われていったのは容易に想像できる。

　それでも、この市場には食品・日用品だけでなく、飲食店などのテナントが常に入り、長い間営業を継続することができた。人通りが多い一等地であることに加え、レトロな景観も相まって、飲食店のテナント候補地として人気があったのだろう。

　スクラップ＆ビルドが盛んに行われてきた福岡中心地において、当時の面影を残す貴重な建築物であったが、2005（平成17）年の福岡県西方沖地震のダメージなどもあり、2016年に解体、68年の歴史に幕を下ろすこととなった。

09 | 土橋市場

福岡県八女市本町／マップp.172 D

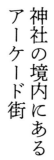

神社の境内にあるアーケード街

　福岡県八女市にある土橋市場は、他の市場とは少し異なった景観を醸し出している。この市場、実は土橋八幡宮の境内の中につくられているのだ。

　戦後、この周辺にあった闇市を整理するため、神社の土地の一部を使わせてもらい、商店街をつくったという。

　現在もブティックやカフェなどの店舗が営業しており、商店街の中は清掃も行き届いている。明るめの壁色やアーケードにかかるカラフルな照明のためか、レトロチックではあるものの、アンダーグラウンドな雰囲気はあまり感じられない。昭和の香りを残しつつも、令和の時代とうまく調和している。

10│新銀座商店街

福岡県大牟田市大正町／マップp.174 F

　福岡県の最南端、熊本との県境にある大牟田は、かつて炭鉱で栄えた町だ。他の産炭地と同様、大牟田も炭鉱の閉山に伴い人口を大きく減らすことになった。そんな大牟田の繁華街・新栄町のほど近くに新銀座商店街がある。

　「銀座」と名のつく商店街は多いが、やはり昭和の時代、銀座は最も華やかで憧れを抱かせる特別な地名だったのだろう。

　昭和20年代にはすでに存在していたといわれる大牟田の新銀座だが、やはり炭鉱の閉山に伴い衰退への道を歩む。現在、わずかながら営業している店舗もあるが、ほぼシャッター一街となっていた。

　大牟田市を訪れると、あまり再開発をされている感じを受けない。そのおかげか、町のあちらこちらに当時の面影を残す建物や施設があり、ノスタルジックな空気感が漂っている。この新銀座商店街も、多くの人の往来があった当時の思い出を封じ込めたまま、今も静かに存在していた。

旧産炭地で出会う　昭和の残照

11｜鳥栖中央市場商店街

佐賀県鳥栖市京町／マップp.172 D

小さな路地に残る
レトロな異空間

　九州の交通の要衝である鳥栖市。鉄道、高速道路ともに、ここから東西南北、九州の各方面へつながっている。レトロな駅舎で鉄道ファンに人気のJR鳥栖駅の周辺には大型商業施設もあり、賑わいを見せるが、そのすぐ近くに趣ある路地が残されている。

　知らないと見落としてしまいそうな細い路地に入ると、しっかりとアーケードがかかった小さな商店街がある。鳥栖中央市場商店街だ。

　昭和の懐かしい雰囲気を堪能させてくれる商店街で、営業していそうな店舗も数軒ある。決して広いエリアではないが、商店街周辺の路地や飲み屋街も独特な景観を形成していた。駅からほんの100mあまり離れているだけとは思えないような異空間である。

12 ｜松原マーケット

佐賀県佐賀市松原／マップp.173 Ｅ

人知れず消えゆく
バラック商店街

　佐賀県庁からほど近い佐嘉神社の片隅に、まさに戦後のドサクサを思わせるバラック商店街跡がある。今まさに消えゆく途中にある松原マーケットだ。

　神社の西側にある歴史資料館「徴古館」（国登録有形文化財）の土地の一部を借りて、戦後の引揚者らが市場を始めたのが始まりといわれている。今は大部分が取り壊されて駐車場となっているが、かなり大規模なマーケットであったことは想像に難くない。

　かつては約100m続くアーケードに生鮮食品店や雑貨店などが立ち並んでいたらしいが、現在ではアーケードはほぼなくなっており、同じ区画にあったと思われる飲屋街が歯抜け状態でわずかに残されている。2000年代までストリップ劇場も存在していたらしく、市民の台所であると同時に、色街的な側面もあった。

　マーケット内の店舗がすべて閉鎖した場合、地権者との借地契約は更新されないことになっており、残念ではあるが、近い将来、完全にその姿を消す運命にあるようだ。

13 | 大黒市場

長崎県長崎市恵美須町／マップp.173 E

　長崎市内にはかつて暗渠（地下に埋設された水路）の上に建てられた市場が多数あった。いずれも戦後の混乱期に生まれたものだ。長崎駅の近くにあった大黒市場も、1954（昭和29）年頃、行政が中心となり、駅周辺に乱立していた闇市を、河川の上にコンクリートでふたをしてつくった土地に移転させたのが始まりであるという。

　この市場の特色として鮮魚店が多く、全体の4割ほどを占めていたらしい。市内で店を営む料理人が買いつけにくるなど、平成の世まで盛況であった。しかし、鉄骨やコンクリートの劣化により崩落の危険性が出てきたため、2012（平成24）年に惜しまれつつも閉鎖され、暗渠とともに解体された。

暗渠とともに姿を消した市場

店舗の2階が住居になっているのも、こういった市場の特色。ほとんどが家族経営であったことが見て取れる。頻繁に増改築されたせいか、2階部分がせり出すような建物も多かった

14｜文化ストリート

宮崎県宮崎市橘通東／マップp.175 Ⓗ

　戦後の闇市から発展し、最盛期には生鮮食品店をはじめ約60店舗が入っていたという文化ストリート。かつてはかなりの賑わいを見せ、宮崎一の商店街だったともいわれる。

　若草通商店街のアーケード内に入口があり、2023（令和5）年現在、約15店舗が営業している。そのジャンルは様々で、昔からの店に交じって、独特の雰囲気を醸し出す店舗が多いように感じる。

　文化ストリートという名の通り、若い人が独自の感性で文化発信しているようで、かつてはアート系イベントなども行われていたそうだ。

崩壊した屋根から青空がのぞく廃墟的商店街

15｜青空ショッピングセンター

宮崎県宮崎市橘通西／マップp.175 Ｈ

宮崎市最大の歓楽街「ニシタチ」の一角にある青空ショッピングセンター。1950（昭和25）年に開設されたという記録が残り、宮崎で最も古い生鮮市場といわれている。

ここには、すぐ近くのキラキラした歓楽街とは対象的な景観が広がっている。一部店舗は崩壊し、ほぼ廃墟と化した姿にただただ圧倒される。さらに驚くべきは、この商店街にはまだ営業している店舗が残っているということ。

商店街から外に出ると、完全に崩壊した2階部分の下で営業を続ける店の人が動き回っていた。その光景はシュールでさえあった。

2023（令和5）年7月に写真右側の部分が崩壊し撤去された。残された時間はそう長くないのかもしれない

近代建築
産業遺構

　ひと足早く産業革命を成し遂げた諸外国に追いつくべく、明治時代以降の日本では急速な産業化が推し進められた。近年、それらの遺構の歴史的価値が見直され、「明治日本の産業革命遺産」としてユネスコの世界文化遺産に登録されたことも記憶に新しい。

　そのジャンルは産業のみならず交通・土木と多岐にわたる。先人たちが当時最先端の技術や材料を取り入れながら、情熱をこめてつくり上げたものであり、その姿は威厳に満ちている。

　残念ながら、中には崩壊しつつあるもの、自然に飲み込まれつつあるものなどもあるが、そのどれもが、現代の建造物にはないオーラを放ち続けているのだ。

豊後森機関庫

アール・デコ様式を取り入れたデザインが美しい。一般公開にあたり補修されたが、少し前までは写真のように現役当時の雰囲気を色濃く残した風貌であった

16｜大連航路上屋

福岡県北九州市門司区西海岸／マップp.171 B

　大連航路上屋は1929（昭和4）年に竣工した、日本と中国を結ぶ大連航路（日満連絡船）の発着所である。

　太平洋戦争の終結により航路が断絶するまで、日本の玄関口として重要な役割を果たしていた。今でいえば、国際空港ターミナルのようなものであろう。

　設計は国会議事堂を手がけた建築家・大熊喜邦の手によるもので、幾何学模様を取り入れたアール・デコ調のデザインとなっている。

　戦後米軍に接収されていたが、1972年に返還された後、門司税関仮庁舎や倉庫として使用された。現在は資料館として整備され、上屋や門司港の歴史に関する資料を見学することができる（本書の写真は整備前のもの）。

大陸と日本を結ぶ国際ターミナル

現在は埋め立てによる道路拡張で岸壁まで距離があるが、以前は上屋の目の前が岸壁だった。ボラード（船を繋留するための杭）が今も残る

17│旧比良松郵便局

福岡県朝倉市比良松／マップp.172 D

　日田と福岡を結ぶ旧日田街道沿いにある朝倉市比良松地区。この地はかつて近隣の農村地帯の中心をなす商業集落として栄えていたという。現在もところどころに古い町並みや酒蔵などが残っており、どこか懐かしさを抱かせる町である。

　この地にひっそりと残されている洋館風の建物が、旧比良松郵便局である。もともと酒造のために使われていた建物を1874（明治7）年に改装して郵便局となり、1935（昭和10）年頃の改装によって今の姿になったらしい。以降、1970年ま

で郵便局として使われていた。

　閉局してすでに半世紀以上が経つが、再利用やリノベーションされることもなく、今もそのままの姿で残されていることに感銘を受ける。

　その昔、郵便局の地域における役割は現代よりはるかに大きかったであろう。電話すら普及率が低く、手紙が人々にとって当たり前の通信手段だった頃、きっと毎日多くの人が出入りしていたに違いない。

旧日田街道沿いに残された近代建築

現役当時の光景が目に浮かぶほど保存状態が良い局内。電話の普及率が低かった時代、こういった公共機関に電話が設置され、地域の人が利用していた。なお、建物内は通常一般公開されていない

18｜永ノ島炭鉱

長崎県佐世保市小佐々町／マップp.173 E

永ノ島炭鉱（旧栄の島炭鉱）は長崎県佐世保市の永ノ島にあった炭鉱。1903（明治36）年に採炭が始まるが、1906年に閉鎖。昭和に入り再開され、1967（昭和42）年に閉山した。

現在はホッパー（貯炭施設）や選炭場、斜抗口など一部の遺構が、自然に飲み込まれながらも現存している。

非常に小さい島だが、往時は島内に約1000人が暮らしていたという。九州にはこういった小・中規模の炭鉱が多くあり、各地に残されたわずかな遺構が石炭採掘時代の栄華を今に伝えている。

緑に飲み込まれゆく
無人島の炭鉱跡

永ノ島には現在人は住んでおらず、時折
釣り人が訪れるのみ。炭鉱とは無関係で
あろうが、廃船が島内に残されていた

19 ｜ 池島炭鉱

長崎県長崎市池島町／マップp.173 E

1959（昭和34）年より出炭が始まった
池島炭鉱は、エネルギー革命によって全
国各地の炭鉱が閉山していく中、九州最
後の炭鉱として2001（平成13）年まで石
炭の採掘を続けていた。

　最盛期の1985年には150万トン以上の
採炭量を誇り、2000人以上の鉱員を抱え
て一時代を築いた。閉山後も、その巨大
な炭鉱施設や住宅施設などがほぼそのま
まの形で残されている。また炭鉱体験ツ
アーや外国人への技術継承を目的とした
実習が行われるなど、生きた炭鉱を体感
できる貴重な存在である。

国内唯一の炭鉱体験ツアーが行われている。実際に
使われていた坑内を見ることができる貴重な体験だ

面影を濃厚に残す
九州最後の炭鉱

20 | 軍艦島

長崎県長崎市高島町／マップp.173 E

　2015（平成27）年、「明治日本の産業革命遺産」のひとつとして世界文化遺産に登録され、脚光を浴びた端島（軍艦島）。もはや説明不要なほど有名な存在だが、実は長い間、人々から忘れ去られた島だった。事実、長崎市出身の筆者が幼少期から青春時代を過ごした昭和末期において、軍艦島の名を耳にすることはまずなかった。

　初めてその存在を知ったのは高校時代。海水浴時にうっすらと島影が見え、友人にその名を教えてもらった。同時にビル

などがそのまま残されている無人島だということも知って、興味をそそられたのを覚えている。一部の写真家などが取り上げ、その名をちらほら見かけるようになったのが平成の半ば頃だったろうか。

　軍艦島が注目を集めたのは、失われた炭鉱としての価値もさることながら、離島という限られた環境の中に炭鉱施設と居住区、人々の生活のすべてがそのままの姿で残されているというドラマ性、ミステリー性によるところが大きかったのではないだろうか。

人を惹きつけてやまない
巨大な炭鉱遺構

最盛期には5000人以上が暮らしてい
た島内は、完全にひとつの町として成
り立っていた。学校や娯楽施設があり、
神社では祭りも行われていたという

まるで異世界への入口
八角形の不思議な鉄道遺構

21│八角トンネル

熊本県下益城郡美里町／マップp.174 F

　八角トンネルは、熊本市の南熊本駅から下益城郡砥用町（現・美里町）までを結んでいた熊延鉄道（1915〔大正4〕年開業）の遺構。1964（昭和39）年に廃線となったが、落石除けとしてつくられたトンネルが今も残ってる。

　トンネルと呼ばれているものの実際は

つながっておらず、輪切り状の八角形の構造物が7基連なって構成されている。

　訪れてみると、森の中に突如現れる、苔に包まれた巨大な人工物は神秘的にすら見えてくる。蒸気機関車時代の遺構だけあって、天井には煤らしき黒ずみが確認できた。

22│豊後森機関庫

大分県玖珠郡玖珠町／マップp.175 G

豊後森機関庫は1934（昭和9）年、国鉄久大線（現・JR久大本線）の全線開通とともに発足した豊後森機関区の機関庫。最盛期には21台もの機関車が所属していたらしい。

太平洋戦争中は軍事輸送の拠点でもあったため、終戦直前には米軍機の機銃掃射を受けて職員3名が死亡する悲劇も起きた。その際の銃痕が今も壁に残されている。

鉄道のディーゼル化に伴い豊後森機関区は1971年に廃止されたが、扇型の機関庫、方向転換のための転車台が解体されることなく残され、2012（平成24）年に国の登録有形文化財となった。

蒸気機関車全盛時には各地で見られたであろう扇形の機関庫。前後が存在する蒸気機関車ゆえ、方向転換のための転車台を中心に扇形に構築された。機関庫の天井に今も残る黒い煤を眺めていると、当時の情景が浮かんでくるようだ。

大戦の爪痕を残す
扇形の機関車格納庫

雪舟も描いた滝と
石造りの発電所遺構

23 | 旧沈堕発電所

大分県豊後大野市大野町矢田／マップp.175 G

　豊後大野市にある「沈堕の滝」。室町時代の画僧・雪舟が描いたことでも知られるこの滝の横に、石造りの遺構が佇んでいる。これは、1909（明治42）年に豊後電気鉄道によって電力供給のため建設された旧沈堕発電所である。

　1923（大正12）年に下流に新たな発電所が完成してその役目を終えたが、立派な石造りの姿を今も堂々と残している。年月を刻んだ石積みが草木に覆われたその姿は、どこか西洋の遺跡を思わせる。

　建設されたのが110年以上も前だということを思いながら眺めていると、実に感慨深かった。

24│曽木発電所

鹿児島県伊佐市大口曽木／マップp.175Ⓗ

湖底から姿を現す幻想的な遺構

中世ヨーロッパの古城のような風情を漂わせる曽木発電所。レンガ造りの遺構は、冬になると水没し、建物のほんの一部が水面からのぞくのみとなるが、ダムの水量が減る5月〜9月には、その全貌が現れる。

1909（明治42）年に建造され、国内最大級の水力発電所として稼働していたが、1965（昭和40）年、下流の鶴田ダム完成に伴って水没。

以来、水没と出現を繰り返しながら月日が流れていたが、夏期にのみ姿を現す幻想的な美しさが話題になり、今は訪れる多くの人を魅了している。

2021（令和3）年の大雨で一部が倒壊したが、復旧作業が進められている（写真は倒壊前）

25│旧鹿児島刑務所正門

鹿児島県鹿児島市永吉／マップp.175 H

　旧鹿児島刑務所は、明治五大監獄といわれた刑務所のうちのひとつである。他の4カ所（千葉・金沢・奈良・長崎）はレンガ造りだが、この旧鹿児島刑務所は唯一石造りとなっており、現在は正門のみが保存されている。

　この門は1908（明治41）年、欧米の監獄を視察した司法技師・山下啓次郎によって設計された。ネオ・ゴシック様式による建造物で、左右端に八角形の双塔を備え、中央部にはアーチ形の入口がある。石造りの門は堅硬かつ重厚な雰囲気を醸し出しており、さながら中世ヨーロッパの城門のようである。

　現在の我々の感覚では、とても刑務所の入口とは思えない。当時でも西洋の中世城門風の建造物はほとんど例がなく、非常に貴重なものである。現役当時はきっと人を寄せつけぬ威容を誇っていたことだろう。

西洋の城門を模した
明治五大監獄の正門

26 | 旧厚保郵便局

山口県美祢市西厚保町本郷／マップp.170Ⓐ

　山口県美祢市の美祢西ICそばにひっそりと佇む旧厚保郵便局。1934（昭和９）年築のこの郵便局は、近くに現在の厚保郵便局がつくられてその役割を終えたが、建物は当時のまま残されている。

　当時、洋風建築の郵便局はさほど珍しいものではなかったが、今となっては貴重な近代建築物である。整備・改修され

ていたり、他の用途に転用されたり、全国に残されたこの手の郵便局の現状は様々であるが、旧厚保郵便局は手つかずのままになっている。

　もはや建物全体を蔦が覆うような状態だが、季節によって姿を変え、逆にこれが退廃感を好む人にとっては見所となっている。

美しくも見える
蔦に覆われた郵便局跡

役割を終えた建物は緑に覆われて
静かに佇んでいた。なお、建物内
は通常一般公開されていない

71

27 | 桂ヶ谷貯水池堰堤

山口県山口市小郡上郷／マップp.170 Ⓐ

　山口市の県道28号小郡三隅線の脇道から山道を数百m進むと、それは息を呑むような美しさを保ったまま山中に眠っていた。1923（大正12）年に完成した桂ヶ谷貯水池堰堤である。

　緩やかなアーチ平面と、レンガ積みで丁寧に築かれた取水塔が印象的。欧州の城壁を思わせるような威容であり、当時の土木技術水準の高さを存分に感じさせてくれる。近年、産業遺産としての価値が見直され、2016（平成28）年に国の登録有形文化財となった。

技術水準の高さを示す
大正期の優美なダム

的山大島

生活・娯楽
大衆文化

　人々の暮らしは、当然ながら時代によって変化していく。流行の変遷、あるいは社会情勢の変化や法の整備などにより、現代では非常識と思われるものが、当時は案外常識の範囲内であることも少なくない。

　本章では、レトロ感たっぷりな景観や、一見奇抜ながらも当時の生活や文化が垣間見えるものを集めてみた。

　流行は繰り返すといわれるが、それも時流が許せばの話である。ここに掲載しているような建物や施設、町並みを訪れてみると、文化はその時代を映す鏡であることがひしひしと感じられる。

28 | 後藤寺バスセンター

福岡県田川市宮尾町／マップp.172 D

　後藤寺バスセンターは、田川市宮尾町にあった西鉄バスのバスターミナル。石炭産業が盛んだった頃は多くの路線が発着していたが、閉山後の人口減少とともに利用客も減少していった

　2階部分には映画館「ターミナル会館」があり、1988（昭和63）年まで営業していた。食堂もあり、かつては多くの人で賑わっていたという。映画館が閉館した後も長くバスセンターとして使われていたが、利用客の減少と建物の老朽化により2016（平成28）年、57年の歴史に幕を下ろした。バスターミナルの規模はその土地の賑わいを示すが、まさに田川の繁栄を象徴するような建造物だった。

　2024（令和6）年5月現在、跡地はまだ存在している。バリケードがあり立入禁止だが、中の様子をうかがうことはできる。人がいない巨大な空間は寂しく感じるが、昭和時代に大きな町で見かけたバスセンターの懐かしい雰囲気が残っていた。

平成の終わり頃まで使用されていた施
設だが、内部は昭和感に溢れている。
映画館の看板もそのまま残されていた

29｜今津干潟

福岡県福岡市西区今津／マップp.171 Ⓒ

　今津干潟は、博多湾西部の今津湾に流れ込む瑞梅寺川河口の干潟。自然豊かで、貴重な野鳥も渡ってくる水鳥の宝庫として知られている。

　この今津干潟の一角で、潮が引いた時に目を疑うような光景が広がる。自然石に交じって数多くの墓石が積まれているのだ。年号が確認できるものもあり、明治や昭和、さらに宝暦など江戸時代のものまである。

　この墓石は50年以上前、魂抜きの供養を行った後に護岸工事の資材として使われたもので、投棄されたわけではないという。

　古いものなので詳しいことは分からないそうだが、いくら供養を終えたものとはいえ、刻まれた戒名などもほぼそのままの墓石が転がっている光景は、見ていて異様な感じを受ける。

30│的山大島

長崎県平戸市／マップp.173［E］

　的山大島は長崎県の平戸島から北へ、フェリーで40分ほどの所にある離島。島の歴史は古く、遣唐使船の寄港地にもなったという。

　近世には捕鯨の島としても栄えた。島の南側にある神浦港周辺には、江戸時代から続く漁村の町並みが残されている。この神浦集落は、2008（平成20）年に国の伝統的建造物群保存地区に選定された。
　1階部分の庇の高さがそろった町並みは実に美しい。また庇を支える「腕木」と呼ばれる部材の装飾も見所のひとつ。その形によって建築された時代を特定できるという。
　離島という地理的条件もあり、決して訪問客が多いわけではないが、その分、この伝統的建造物群をゆっくりと楽しむことができる。ぜひ、かつての漁村に思いを馳せながら堪能してほしい。

わずかな平地に密集する
江戸時代からの町並み

勘定場の井戸。捕鯨が盛んだった時代、鯨組の勘
定場（事務所）で使われていたものという。島が
歩んできた捕鯨の歴史を垣間見ることができる

31 | 長崎浜屋屋上プレイランド

長崎県長崎市浜町／マップp.173 E

　昭和40〜50年代、子供たちにとって百貨店の屋上は遊園地そのものだった。コイン式の乗り物やゲーム機、中には観覧車まで設置しているデパートもあった。

　時代は移り、ほとんどの百貨店屋上から遊戯施設は消えたが、つい先日まで稼働していた所もある。長崎の繁華街にある浜屋の屋上プレイランドがそれだ。しかも、全盛期だった昭和50年代の遊具を使い続けていたのが驚きである。

　今、レトロブームにより懐かしいゲーム機を集めたゲームセンターも確かに存在している。しかし、ここは当時の遊戯施設がそのままの姿で残る、本物のレトロゲーム施設であった。スマホゲーム全盛の今でも、子供たちがレトロなゲーム機に夢中になっている姿が印象的だった。

　余談だが、長崎出身の筆者も子供の頃にここで遊んでいた。40年以上前の話だが、その頃の遊具が今も変わらぬ姿で稼働していることに感動すら覚えた。かつてここで遊んだ人たちが自分の子供や孫を連れて遊びにくることもあったらしい。

　しかし施設の老朽化、管理者の後継者不在などにより、残念ながら2024（令和6）年5月に閉鎖されることとなった。

3世代にわたって愛された デパート屋上の遊園地

オープン当初より半世紀近く遊具の管理を行ってきた吉濱岩夫さん。かつては大変な賑わいであったことを話してくれた

鎖国時代に花開いた
港町の花街

32│丸山遊廓

長崎県長崎市丸山町／マップp.173 E

長崎の丸山遊郭といえば、江戸吉原、京都島原、大坂新町と並び日本でも有数の花街として知られている。しかしながら、その成り立ちは他の遊廓と少々異なるようだ。1642（寛永19）年に成立し、日本人だけでなく、鎖国時代に出島に集められていたオランダ人や唐人屋敷の中国人を相手にしていた。幕府の後押しを

下：趣のある長崎検番の建物。現在
九州に残る検番は福岡の博多券番と
この長崎検番のみ。長崎検番では十
数名の芸妓が稽古を行っている

受けて街の発展にも大きく関わっていた
といい、長崎の歴史を語る上で欠かせぬ
存在である。

　丸山遊廓は、遊女を置いた宿屋の遊女
屋と、今でいう料亭の揚屋・茶屋で構成
されており、全盛期には1400人を超え
る遊女がいたという。

　現在の丸山は、一見すると花街として
の面影は少ない。しかし、今も料亭や
「長崎検番」（芸者の稽古場兼お座敷への
手配・統括事務所）などが残されており、
歴史を今に紡いでいる。現存する建物こ
そ少ないが、石垣や石畳が当時の面影を
伝えている。散策していると、遊女たち
がこの小道を歩いていた情景が目に浮か
ぶようだ。

戦後のドサクサ感漂う
裏路地の呑み横丁

33｜ハモニカ横丁

長崎県長崎市本石灰町／マップp.173Ｅ

　長崎の歓楽街を代表する銅座町界隈、特に思案橋といえば聞いたことがある人も多いだろう。かつて長崎にあった日本五大遊廓のひとつである丸山遊廓に行くか行かないか、男たちが思案したことがその名の由来である。

　その思案橋の名前がついた賑やかな「思案橋横丁」と並行してひっそりと存在する路地が、かつて「ハモニカ横丁」と呼ばれた場所である。

　ハモニカ横丁という呼称自体、今では地元の人でもほとんど使わず、裏路地にしか見えないこの通り。しかし、つくられた当時はこちらが表通りであり、思案

橋横丁の方が裏通りだったというのは驚きである。

　この付近、銅座町や本石灰町の歓楽街は、戦後の闇市を原点とし、河川を暗渠化してその上に露店などが集められたのが始まりである。ハモニカ横丁に入ると、その戦後のドサクサ感を強烈に感じることができる。

　一本通りを隔てただけとは思えないほど、きらびやかな思案橋横丁とはあまりに対照的な雰囲気だが、令和の世にこの雰囲気が味わえるのは貴重なことだとも思えてくる。

裏路地の魅力を凝縮したようなハモニカ横丁の光景。今の
世にこのような雰囲気の場所はつくりたくてもつくれない

昭和30年代の姿をそのまま残す問屋街跡

34│河原町繊維問屋街

熊本県熊本市中央区河原町／マップp.174 F

　熊本の市街地から少し離れた場所に、かつて繊維問屋街として栄えていた河原町という地域がある。今は空き家になったコンクリートの長屋にカフェや雑貨店などが入り営業している。

　特筆すべきは、昭和30年代に建てられたというレトロな長屋に、当時の看板などがそのまま残されている点。さながら映画のセットのような光景である。現在入っている店舗も、この空間を活かした店づくりをしているようだ。

　最近ではレトロなホーロー看板などを集めて昭和の情景を再現しているものを博物館などで見かけるが、ここはまさに当時のままの本物。建物の傷や、色あせて文字がかすれた看板などの経年劣化をも楽しめる別世界となっている。

2016（平成28）年３月の火災により一部の
建物が消失したが、残された区画では今も
テナントが入り営業を続けている。貴重な
空間をこれからも残して欲しいものである

日本最古の木造アーケードとされる
竹瓦小路。竹細工の照明が印象的

35│別府駅界隈

大分県別府市／マップp.175 G

　戦災を免れた別府駅界隈には、現存す
る日本最古の木造アーケードといわれる
竹瓦小路（1921〔大正10〕年完成）を
はじめ、温泉街としての魅力とは別に、
レトロ好きを惹きつける情景があちらこ
ちらで見られる。

　別府は今でも九州屈指の温泉街として
有名だが、最も隆盛を誇ったのは昭和
30〜40年代。その時代に発展したと思
われる別府駅周辺の風景が、大きく姿を
変えることなく今も残され、訪れる観光
客をどこか懐かしい気分にさせてくれる。

　あまり観光客が立ち入らないであろう
裏通りにも歴史を感じる光景が見られ、
実に町歩きが楽しいエリアである。

古き良き温泉街の風情を堪能する

駅周辺には複数のアーケード街や小規模の商店街が立ち並ぶ。昭和感溢れる店構えや看板を残した現役店舗も多く、見ているだけでも楽しい

おそらく下関新地の遊郭跡で最も有名な建物。
残念ながら近年解体されてしまった

36 | 下関新地遊郭

山口県下関市新地西町／マップp.171 Ⓑ

　本州の玄関口であり、古くから海上交通の要所として栄えてきた下関。鉄道網が敷かれるまで、また関門トンネルができるまで、下関は九州へ渡る前の最後の宿地として多くの旅人を迎え入れてきた。当然ながら町は活気に溢れ、発展していったが、交通手段が鉄道、自動車と移り変わるにつれ徐々に人足も減っていき、かつての隆盛は見られなくなっていった。

　下関には、宿町として栄えた時代の名残（なごり）が今でも見られるが、その昔、宿町には必ずあったといっても過言ではない遊郭や赤線の跡も残されている。

　下関で一際大規模な遊郭があったとさ

れる新地エリア。ここには、旅館跡をリノベーションしたカフェなどとともに、今は人が住んでいるのか分からない状態ではあるが、明らかに遊郭であったことを思わせる建物がわずかながらに残っている。

　おそらく当時のメインストリートだったであろう通りを歩いていると、さながらタイムスリップしたような気分になる。下町のような雰囲気のどこか懐かしい町並みではあるものの、一般の住居とは明らかに違う感じがするのは、時代を超えて放たれる、艶っぽい遊郭の雰囲気のためだろうか。

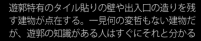

遊郭特有のタイル貼りの壁や出入口の造りを残す建物が点在する。一見何の変哲もない建物だが、遊郭の知識がある人はすぐにそれと分かる

西椎屋集落

絶景・奇景

　古来より人間は、自然物や自然現象を神格化してきた。悠久の時が生み出した景観に神々しさを覚え、あるいは人の力では抗いようのない自然現象を畏怖して崇めてきたのである。

　日本人もその例外ではない。特に私たち日本人は、自然そのものと対峙するのではなく、自然の恵みに感謝しながら共生を図ってきた。

　この章では、そういった自然が生み出した唯一無二の景観、あるいはそこに人の手が加えられた結果、独特の景観となっているものを紹介する。自然の雄大さや神秘性、自然と人工物の融合によって図らずも生まれた別世界のような雰囲気を感じていただきたい。

37 神在神社の神石

福岡県糸島市神在／マップp.171 Ⓒ

　572年創建と伝えられる糸島市の神在
神社。ここに神石として祀られている巨
石がある。

　本殿から脇道に入り、奥の山中を進ん
でいくと、竹やぶの中に突然、見る者を
圧倒する巨石が現れる。周りに岩壁や崖
などは見当たらず、そのせいもあってか
巨石の存在感が際立っている。竹林に囲
まれ、開かれた空間の中心に鎮座する巨
石は神聖な力を感じさせ、まさに神石で
あった。

　最近では某アニメに出てくる巨石に似
ているという噂が口コミで広がり、訪問
する人も増えているらしい。

神聖な力がみなぎる
まさに神の石

38 | 武雄の大楠

佐賀県武雄市武雄町武雄／マップp.173 E

佐賀県武雄市にある武雄神社。その御神木としてそびえ立っているのが、樹齢3000年以上といわれる「武雄の大楠」である。

神社の裏手に延びる山道を進んでいく

樹齢3000年以上、圧倒的存在感の御神木

と、やがて圧巻の巨木が姿を現し、思わず息を呑む。樹高30m、幹回りは20mもあり、全国巨木ランキング第7位にランクインしているそうだ。

根元はごつごつした樹皮に覆われ、地表近くで口を開けている広さおよそ12畳の内部には、天神が祀られており、神聖な雰囲気が漂っている。人智を超えたその存在感には、ただただ圧倒される。

39 | りんご岩

長崎県長崎市柿泊町／マップp.173 E

SNSで話題となった
海中にそびえる奇石

まるでかじったリンゴのように見える奇岩が長崎市の郊外にある。その場所は長崎市中心部から車で30分ほどのかきどまり弁天白浜。昨今SNSで不思議な姿が話題となって「りんご岩」と呼ばれている。

　地元の人には古くから「傘岩」とも呼ばれ、地域のシンボル的存在であったらしい。もともとこの地は海水浴場であり、夏には大勢の海水浴客で賑わっていたが（2015〔平成27〕年より海水浴場は閉鎖）、場所柄、そのほとんどが地元民であったため、そこまで広く知れ渡ることはなかったようだ。

　この形が長年の波の侵食によってできたことは容易に想像できるが、崩れることなくその姿を保っていられるのは不思議である。

　この海岸は夕陽が美しい場所でもあり、夕陽に照らされシルエットが浮かび上がるりんご岩は、また格別である。

車道の真ん中に連なる巨大な御神木

40 | 六角道

長崎県長崎市上西山町／マップp.173 E

　長崎の人に「お諏訪さん」の名で親しまれている諏訪神社。この神社の横から上っていく道を六角道という。何とこの道路は、真ん中に大きなクスノキが連なっており、初めて通る人を驚かせる。

　なぜ、このようなことになったのかというと、ここはもともと諏訪神社の鎮守の森であった場所。昭和40年代に山の上に創設された学校などへ行くルートをつくる際、どうしてもこの場所を通る必要があったという。しかし樹齢700〜800年を誇り、しかも御神木とされている木を切り倒すことはできず、今の状態になったらしい。

　クスノキを真ん中に挟んで上りと下りの車が行き来しているが、場所によっては非常に狭く、見通しも悪い。しかしながら道路ができて50年あまり、大きな事故は起きていないという。これも御神木を切り倒さずに守ってきた恩恵であろうか。

41 | 岩隈山の切通し

熊本県山鹿市菊鹿町木野／マップp.174 F

　切通しとは、山や丘などを部分的に開削し、人馬が行き交えるようにした道のこと。山鹿市菊鹿町の「岩隈山の切通し」は、岩山を切り抜いた長さ約200mの道で、両脇の岩肌が高い所では30mほどあり、かなりの圧迫感を覚える。

　この道がいつ、どのようにつくられたか、正式な記録は残っていないようだが、通行人がこの山を越える際に足を滑らせて亡くなるなど事故が相次いだためにつくられ、昭和初期には今の形になっていたという。

　道の両脇には、安全祈願のためか多数の石仏が祀られており、苔に覆われた岩肌と相まって神秘的な雰囲気を醸し出している。昔は当然道路も舗装されておらず、さぞかし厳かな雰囲気で通行人を見送っていたことであろう。

30ｍの切り立つ崖
先人が開削した謎の道

42 | 天空の道 (ラピュタの道)

熊本県阿蘇市狩尾／マップp.175 G

　阿蘇の外輪山の一角、人気アニメ「天空の城ラピュタ」の世界のような光景を見ることができた場所。もともと観光用につくられた道ではなく、地元の農道だった。

　阿蘇の雄大な景色を一望できるビュースポットとして有名な大観峰から12kmほどの場所にある。阿蘇盆地に雲海が発生すると、道がまるで天空へつながっているかのように見える、まさに絶景であった。

　しかしながら、2016（平成28）年4月に起きた熊本地震により道が崩落。一瞬にして失われた絶景を多くの人が惜しんだ。もともと生活道路ではないことに加え、崩落自体も激しかったため、2024（令和6）年5月現在、残念ながら復旧の目処は立っていないようだ。

雲海が生み出す絶景
天空へとつながる道

43│清水滝

熊本県阿蘇郡南阿蘇村白川／マップp.175 Ⓖ

　阿蘇山南麓に、地元の人もあまり知らないという小さな滝がある。車1台が通れるくらいの細い道を抜け、最後は徒歩で崖を下りていくと、小規模ながらも落差10mほどの美しい滝が見えてくる。

　しかしながら特筆すべきは、この滝を囲むように様々な像が立っていることである。観音像のようなものから鬼、蛙、象と、一見異様にも映る造形の像が祀られている。滝の近くには天然の洞穴があり、その中にも像が祀られていた。

　この滝は、とある宗教の開祖の修行場であったようである。あまり人は訪れない場所ではあるが、案内板や人道が整備

されており、現在でも大事に管理されていることが分かる。しかし、かつて未開の地だった頃は、ここにたどり着くのも大変だったであろう。

　ともあれ、自然の滝とそれを見守るように立つ像の数々がつくり出す空間は、何とも独特な雰囲気を感じさせる。

神秘と謎に包まれた 小さな滝

44│長部田海床路

熊本県宇土市住吉町／マップp.174 F

海床路とは、潮が引いた時にだけ現れる道のこと。熊本県宇土市にある長部田海床路は、ノリ養殖や採貝を営む漁業者のために1979（昭和54）年に建設された。

干潮時には道を歩くことができるが、満潮時は道が海中に沈んで、海の中に電柱が立ち並ぶ不思議な光景が広がる。テレビCMなどでも使われたことで注目を浴びたスポットである。

海へと続く道
干潮時に姿を見せる

45│石坂石畳道

大分県日田市花月／マップp.175　G

　石坂石畳道は、日田〜中津を結ぶ日田
往還の一部で、1850（嘉永３）年に完成
した。石畳の峠道で、中央部には硬い切
石を使い、左右には自然石を使っている
という。

旅人たちが行き交った 江戸時代の古道

馬や人が歩きやすいよう傾斜を緩やかにしたり、2〜3歩ごとに1段上るようにしたりと工夫がなされている。先人の知恵と土木技術にはつくづく驚かされる。保存状態も良好で、おそらく当時とさほど変わっていないであろうこの古道。静かな森の中、中央部の切石部分が苔に覆われた趣ある石畳を歩いていると、江戸時代にここを通った人々の気分が味わえる気がする。

46 西椎屋集落

大分県宇佐市院内町西椎屋／マップp.175 G

宇佐市院内町の西椎屋（にししいや）地区に、南米ペルーの世界遺産「マチュピチュ」を彷彿とさせると、静かな人気を呼んでいるスポットがある。

現在は向かいの山に展望所が整備されており、そこから見下ろすと、山に囲まれるように小さな集落があり、自然と調和した棚田や集落の景色が広がっている。よく晴れた日も美しいが、霧がかかった日でも幻想的な景観を存分に味わうことができる。

非常に山深い場所であるためアクセスは多少時間がかかるが、その苦労を忘れさせてくれる景色であった。

宇佐の山奥で
マチュピチュに出会う

47｜雄川の滝

鹿児島県肝属郡南大隅町根占川北／マップp.175 H

エメラルドグリーンの滝壺が生み出す絶景

「雄川の滝」は鹿児島県大隅半島の山中にある滝。秘境といっても差し支えない自然の中にある。実際、2000年代初頭までは遊歩道などが整備されていなかったこともあり、知る人ぞ知るスポットだったらしい。

幅60mの断崖から流れる落差46mの滝に加え、特筆すべきはエメラルドグリーンに見える滝壺の美しさ。気象条件によって透明度は変化するが、天気が良い日にはこの上なく美しい滝壺を見ることができる。

悠久の時が生み出した自然の芸術を堪能したい。

48 | 蒼霧鯉池（一の俣桜公園）

山口県下関市豊田町一ノ俣／マップp.170 Ⓐ

　山口県下関市の一の俣温泉近くの山間に、立ち並ぶ水没林が青く澄んだ水面に映り込む光景がとても神秘的だと話題のスポットがある。砂防ダムでできた池で、通称「蒼霧鯉池」と呼ばれている。

　池にはたくさんの鯉が生息しており、その神秘的な景観に彩りを添えるように泳いでいる。時間帯や天候によって様々な姿を見せてくれる、まるで絵画のように美しい場所である。

まるで絵画のような
隠れた神秘スポット

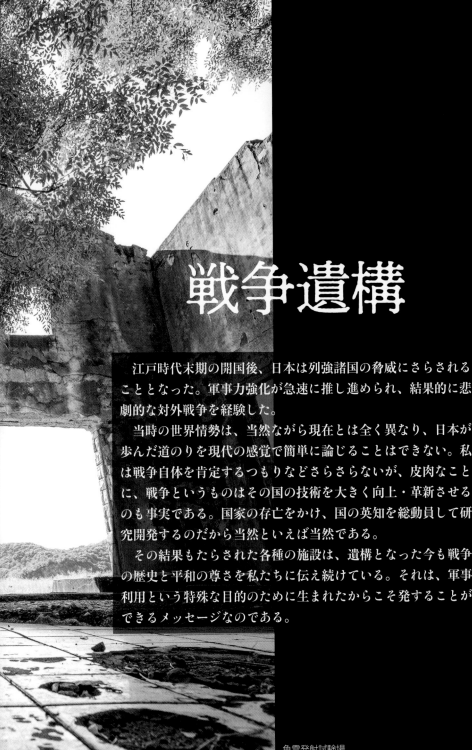

戦争遺構

　江戸時代末期の開国後、日本は列強諸国の脅威にさらされることとなった。軍事力強化が急速に推し進められ、結果的に悲劇的な対外戦争を経験した。

　当時の世界情勢は、当然ながら現在とは全く異なり、日本が歩んだ道のりを現代の感覚で簡単に論じることはできない。私は戦争自体を肯定するつもりなどさらさらないが、皮肉なことに、戦争というものはその国の技術を大きく向上・革新させるのも事実である。国家の存亡をかけ、国の英知を総動員して研究開発するのだから当然といえば当然である。

　その結果もたらされた各種の施設は、遺構となった今も戦争の歴史と平和の尊さを私たちに伝え続けている。それは、軍事利用という特殊な目的のために生まれたからこそ発することができるメッセージなのである。

魚雷発射試験場

防波堤に姿を変え
国土を護り続ける軍艦

49｜軍艦防波堤

福岡県北九州市若松区響町／マップp.171 B

太平洋戦争が終わった後、旧日本軍の軍艦の多くは連合国側に引き渡されたり、あるいは解体されたりという運命を辿った。そのうち何隻かは、船体が防波堤として再利用された。

現在の北九州市若松区、洞海湾の一角には、1948（昭和23）年、駆逐艦の「涼月」「冬月」「柳（初代）」の３隻が防波堤として沈設された。当初は船内にも入れる状態だったらしいが、腐食や金属泥棒などにより崩壊が進んだため、「涼月」

「冬月」は完全に埋設され、「柳」は周りをコンクリートで固める補修工事が行われた。そのため、現在は「柳」の一部が地上に確認できるのみとなっている。

「涼月」「冬月」といえば、少しミリタリーに詳しい人間にはよく知られた軍艦であり、戦争末期の沖縄水上特攻作戦にも、かの有名な戦艦「大和」とともに参加している。今は姿が見えないとはいえ、その２隻が眠っている上に立つと、特別な感情が湧いてくる。

50 | 円形野外講堂

福岡県久留米市野中町／マップp.172 D

かつての軍都に残された
軍従事者の慰問施設

久留米市がかつて大規模な軍都で
あったとは、今では知らぬ人も多
いであろう。この遺構も人知れず
林の中にひっそりと残されている

　久留米競輪場のほど近く、林の中を抜
けると、古びた石造りの円形劇場がひっ
そりと佇んでいる。その姿はまるで古代
の競技場のようにも見える。ここは
1942（昭和17）年に陸軍墓地の付属施設
として竣工された劇場で、軍従事者を慰

問するために建設されたといわれている。

　約500名を収容できる観覧席は、年月による風化は見られるものの、しっかりとその姿を残している。ステージ中央に残された「養其神（そのしんをやしなう）」の文字は、かつての陸軍中将・渡辺正夫の書である。

　明治時代から軍都として発展していた久留米には師団や連隊が駐屯していたが、このような遺構からもその歴史を垣間見ることができる。かなり大規模な施設であるが、ほぼ当時のまま残されていることに感銘を受ける。

51│無窮洞

長崎県佐世保市城間町／マップp.173［E］

無窮洞（むきゅうどう）とは、太平洋戦争のさなか、国民学校の教師と児童たちの手によって掘られた巨大な防空壕である。避難中でも授業ができるように教壇まで備えた教室をはじめ、トイレや炊事場、食料倉庫などがあった。

足を踏み入れると、ひんやりとした空間に迎えられる。細部まで丁寧に掘られた立派な壕には、ただただ驚くばかりで

ある。手彫り、しかも主に子供たちの手によって掘られたとは、にわかには信じがたい。2年あまりで掘られたらしいが、最終的には未完成のまま終戦を迎えたようだ。

当時の一般人には詳しい戦況も分からず、いつ終わるとも知れない戦争にあらがうことができなかった様子がうかがい知れる。

右の入口を入ると主洞（教室）があり、
その奥行は19m。他に副洞や食料倉庫
もあり、約600人が避難できたという

観測所内部。ここまで保存状態が良い観測所は全国的にも極めて稀であるという

52│丸出山観測所

長崎県佐世保市俵ヶ浦町／マップp.173E

　1889（明治22）年、大日本帝国海軍の拠点として佐世保鎮守府が設置され、軍港が整備された。この軍港を防衛するため、佐世保湾周辺に陸軍の砲台群がつくられる。

　丸出山堡塁はそれら佐世保要塞の一拠点として1901年に築かれた。砲台は太平洋戦争後に撤去されたが、観測所跡が現在も残されている。この観測所は、敵艦との距離や弾着地点を観測し、砲台へ連絡するものであった。

　日本各地にこういった砲台が多く築か

れた1900年前後は、まだ戦闘航空機時代の到来前であり、国防における脅威は主に軍艦であった。丸出山観測所から海を見下ろすと佐世保湾を一望することができ、砲台を設置するには最適な場所であったことがよく分かる。

　結局実戦には一度も使われることなくその役割を終えてはいるが、この場所に立つと、緊張感を持って国防に当たっていた旧日本軍兵の姿に思いを馳せることができる。

８１２-８７９０

158

福岡市博多区
　奈良屋町13番４号

海鳥社営業部 行

|ᕼ|ᕼ‖‖‖·|ᕼᕼ·‖ᕼ‖·‖‖·|ᕼᕼ·ᕼᕼ·ᕼᕼ·ᕼᕼ·ᕼᕼᕼ·‖ᕼᕼ|

通信欄

通信用カード

このはがきを，小社への通信または小社刊行書のご注文にご利用下さい。今後，新刊などのご案内をさせていただきます。ご記入いただいた個人情報は，ご注文をいただいた書籍の発送，お支払いの確認などのご連絡及び小社の新刊案内をお送りするために利用し，その目的以外での利用はいたしません。

新刊案内を ［希望する　希望しない］

〒　　　　　　　　　　☎　　（　　　）

ご住所

フリガナ
ご氏名

（　　　歳）

お買い上げの書店名

九州異世界遺産

関心をお持ちの分野

歴史，民俗，文学，教育，思想，旅行，自然，その他（　　　　）

ご意見，ご感想

購入申込欄

小社出版物は全国の書店，ネット書店で購入できます。トーハン，日販，楽天ブックスネットワーク，地方・小出版流通センターの取扱書ということで最寄りの書店にご注文下さい。なお，本状にて小社宛にご注文いただきますと，郵便振替用紙同封の上直送致します（送料実費）。小社ホームページでもご注文いただけます。http://www.kaichosha-f.co.jp

書名		冊
書名		冊

九十九島を見下ろす
砲台の観測所

53 ｜ 石原岳堡塁

長崎県西海市西海町／マップp.173 E

銃眼から差し込む光が美しくも
恐ろしい側防窖室

森林公園内に残された
大規模な要塞遺構

　西海市の北部、佐世保湾入口の高台にある石原岳堡塁（いしはらだけほうるい）。佐世保軍港の防衛のため1899（明治32）年に完成した要塞である。

　中世ローマの遺跡のような佇まいで、独特の雰囲気を感じさせる。このような要塞跡は日本各地に残されているが、石原岳堡塁は辺りが森林公園として整備されているせいもあり、かなり保存状態が良い部類に入るであろう。

　もちろん砲台自体は残されていないが、付属する砲弾庫や関連施設はほぼ当時の姿のまま残されている。白兵戦を想定してつくられた側防窖室（そくぼうこうしつ）（壕に侵入してきた敵を銃眼から射撃する施設）も残されており、中に入ってみると背筋に冷たいものを感じるほど。ここが戦争遺構であ

静かな海辺で時を刻む
戦争の痕跡

54｜魚雷発射試験場

長崎県東彼杵郡川棚町／マップp.173 E

長崎県の中部、大村湾に面した川棚町にある片島。今は陸続きとなっているが、もともとはその名の通り、ポツンと浮かぶ小島であった。1918（大正7）年、この地に魚雷発射試験場が設置され、その後拡張に伴い埋め立てられて陸続きとな

ったらしい。

現在、海に突き出した魚雷発射試験場の他、空気圧縮ポンプ室、観測所などが残っており、この地が歩んだ歴史を今に伝えている。筆者はこの場所へ幾度となく足を運んでいるが、いつ訪れても非常

に波が穏やかで、魚雷の発射試験に適した地であったことを想像するのはたやすい。

　今は遺構の内外に生い茂った緑美しい木々が、時の流れを静かに物語っている。

総面積百万坪、旧陸軍
最大規模の火薬工場

55 | 荒尾二造

熊本県荒尾市荒尾／マップp.174 F

　荒尾二造とは、東京第二陸軍造兵廠荒尾製造所の略称で、かつて熊本県最北部の荒尾にあった旧日本陸軍の軍需火薬工場である。

　広範囲にわたって500以上の関連施設があり、学徒など3000人弱が働く巨大工場であったという。現在の荒尾市総面積の19分の1に当たる約100万坪を旧陸軍が火薬工場用地にしていたというから驚きだ。

　終戦後はかなりの施設が解体されたが、今も変電所や火薬庫など一部の建物が残されている。一帯は現在、住宅地となっ

ており、中には一般住宅の敷地内で倉庫などに転用されているものもある。住宅や公園に紛れるように残る遺構は、よく見ると周囲とは異質な雰囲気を醸し出している。

　他で見られる軍事遺構もそうだが、主要な施設は非常に良質なコンクリートが使用されており、戦後80年近く経った今でも良好な状態で残っているものも多い。当時民間で使用されていたコンクリートとは明らかに質が違うことを感じさせる。

左：荒尾二造を象徴する遺構の変電
所跡。戦時中はこの変電所から各施
設へ電気が供給されていた
下：陸軍の星マークが残る消火栓跡。
何と民家の畑の中に残っていた

住宅地の中に点在する火薬庫跡。
説明板も設置されておらず、町
の風景に溶け込んでいた

56｜丹賀砲台

大分県佐伯市鶴見丹賀浦／マップp.175 G

砲台へとつながる通路。ここだけに限らず、軍事遺構の通路を歩く時には妙な緊張感を覚える

一瞬にして消え去った悲劇の巨砲

大分県佐伯市に残る丹賀砲台は、1931（昭和6）年、豊後水道一帯を守る要塞として建設された。

当時は、巡洋艦「伊吹」からここに移設されたカノン砲が海に向けられていた。しかし、1942年1月11日、実射訓練中に爆発事故が起きて砲台は一瞬のうちに破壊され、16名の死者を出す大惨事となった。

爆発を起こした砲台の施設が現在も残されており、砲台を囲んでいた円形の壁は事故によって破損した当時のままであるという。遺構を保護するためのドームと螺旋階段が整備されており、その階段の上から見下ろすと、巨大さに圧倒される。

神社仏閣
パワースポット

　本書では、主に歴史を感じさせる場所や建造物を紹介してきたが、神社仏閣が持つ歴史の長さは別格である。時の権力者により弾圧が行われた時代もあったが、現代の日本人の生活には神道・仏教のいずれもが深く関わっている。

　長年にわたり人々の念を受け入れてきた神社仏閣は、その場に立つだけで異世界を感じさせる。ここでは、特に神秘的な雰囲気を持つ場所や、不思議な力を感じさせる場所を取り上げた。

　その対象は神道・仏教に限らず、独自のいわれを持つ信仰も含んでいる。古来より「八百万の神」を祀ってきた日本人らしく、実に様々な祈りのかたちがあることを実感する。そのような懐の広い日本独特の宗教観が、私にはとても好ましく思えるのである。

岩屋神社

奇岩が林立する
山伏たちの修行場

左：岩屋神社本殿
右：熊野神社本殿

57 | 岩屋神社

福岡県朝倉郡東峰村宝珠山／マップp.172 D

　空から降ってきたとされる「宝珠石」を御神体に持つ岩屋神社。一帯の奇岩群は神仏が降臨する神聖な場所と考えられ、古くから山伏の修行場とされてきた。

　現存する岩屋神社本殿は、1698（元禄11）年に福岡藩4代藩主の黒田綱政によって建立されたもので、権現岩と呼ばれる切り立った大岩のくぼみを利用してつくられている。また境内社の熊野神社本殿は1686（貞享3）年に村民の寄進によ

り建立されたものである。熊野岩の絶壁の中ほどにあり、この岩窟は天狗が蹴って穴を開けたという伝説が残る。

　いずれの社殿も修験道に関する貴重な建造物として、1988（昭和63）年に国の重要文化財に指定されている。

　一帯は険しい崖に囲まれるように道がつくられており、一般的な神社の雰囲気とは明らかに一線を画す。周囲の巨岩、奇岩とあわせ、一見の価値がある神社だ。

明治時代に起きた廃仏毀釈
（はいぶつきしゃく）運動によっ
て頭部が破壊された仏像。岩
屋の首なし地蔵と呼ばれる

58 | 浮羽稲荷神社

福岡県うきは市浮羽町流川／マップp.172 D

　浮羽稲荷神社は、うきは市浮羽町の中心部の南に鎮座する。県道から社殿まで参道の階段が続いており、そこに91基の赤い鳥居が連なっている。

　社殿まで上がると非常に見晴らしが良く、天気の良い日には、眼下に原鶴温泉や、遠くは甘木方面まで一望することができる。

　SNSの普及により、連なる鳥居と社殿からの絶景が話題を呼び、多くの参拝客が訪れるスポットとなっている。

筑後平野を見下ろす
91基の赤い鳥居

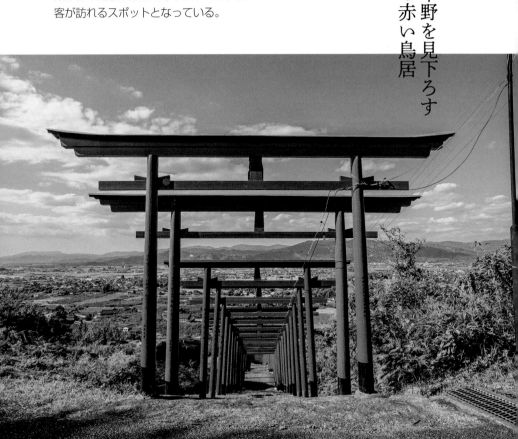

59 | 香山昇龍大観音

福岡県朝倉市杷木志波／マップp.172 D

　福岡県朝倉市にある香山の山頂付近にそびえ立つ香山昇龍大観音。台座を含めると28mの高さを誇る。

　近くで見るとまさに大迫力のこの観音像は、原鶴温泉にある「泰泉閣」の創業者・林一二三氏によって建てられた。夢枕で観音様が現れ、私が見守って成功させるから、その暁には観音像を立てよとのお告げがあったという。今では開運・金運のパワースポットとして知られている。

　境内には他にも、生まれ年ごとの御守本尊がある「十二支霊場」や「九州三十三観音」、「ぼけ封じ観世音菩薩」、耳が良くなる「耳地蔵尊」などが祀られており、一風変わった参拝ができる。

知る人ぞ知る
開運パワースポット

60 | 清水寺

福岡県みやま市瀬高町本吉／マップp.172 D

　みやま市瀬高町の清水寺は、天台宗の開祖・最澄（伝教大師）によって開かれ、1200年以上の歴史を持つといわれる古刹である。そのシンボルが、1836（天保7）年落成の三重塔。

　塔は当初、五重の予定であったが、建設途中に棟梁が急死したことにより、三重に変更されたという。

　三重塔の高さは相輪を含めて約26.5mもある。優美さと荘厳さを兼ね備えた朱塗りの塔は、清水山の自然と調和していて美しい。

　境内は長い歴史を背景に、厳かな空気感に包まれている。寺のふもとに並び立つ五百羅漢像や豪壮な山門も見応えがある。

その歴史は1200年
最澄が開いた名刹

無数の尊像が並ぶ
謎めいた祠

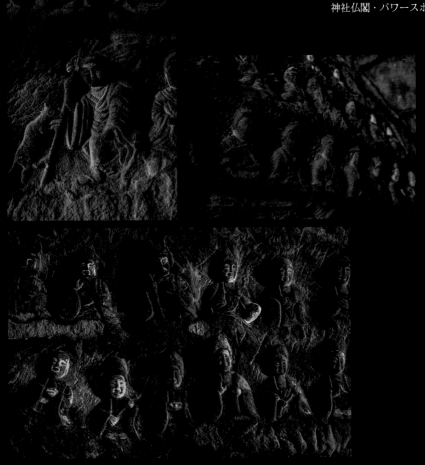

61│鶴の岩屋

佐賀県唐津市肥前町鶴牧／マップp.173 E

　炭鉱町で両親を亡くした兄妹たちがたくましく生きる姿を描いた『にあんちゃん』。その舞台として知られる大鶴炭鉱跡のほど近く、法海寺（ほうかいじ）に「鶴の岩屋」と呼ばれる祠（ほこら）がある。

　本堂の奥に進むと、天然の洞穴の中におびただしい数の磨崖仏（まがいぶつ）がある。洞穴内を取り囲むようにぐるりと並んだ磨崖仏はいつ、誰が掘ったのか明らかにされて

いない。一説には、飢饉（ききん）や疫病（えきびょう）から人々を守るために祈りを捧げた修験者（しゅげんしゃ）が掘ったものといわれている。

　一部の仏は風化のためか、顔の判別がつかなくなっており、かなりの年月が経っていることが分かる。薄暗い洞穴に身を置くと、取り囲む仏に見つめられているようで、身が引き締まる思いがする。

有明海に浮かぶ
伝説の海中鳥居

62│大魚神社の海中鳥居

佐賀県藤津郡太良町多良／マップp.173 E

　太良町の有明海沿いにある大魚神社。その鳥居が海に浮かぶ景色は非常に神秘的である。300年ほど前、島に置き去りにされた代官が大魚（ナミノウオ）に救われ、感激した代官は魚の名を取って大魚神社を建立し、海中に鳥居を建てたと伝えられている。

　鳥居は大魚神社から、物語の舞台となった沖ノ島へと続くように3基連なっている。海中の鳥居は日本各地で見られるが、3基並ぶのは非常に珍しい。

　海中に浮かぶ鳥居の姿もいいが、干潮時には鳥居の全体が現れ、参道のように鳥居の下を歩くこともできる。

63│岩戸神社

長崎県雲仙市瑞穂町西郷丁／マップp.173Ｅ

静寂な森に護られた神社

古くから地元民に「岩戸さん」の愛称で親しまれている岩戸神社。樹齢300年以上の檜や杉などの巨木に囲まれた参道を進んでいくと、社殿が現れる。縄文人が住んでいたといわれる洞窟が御神体である。

鳥居をくぐり、静寂に包まれる中、時折鳥のさえずりが聞こえる参道を歩くと、自然と心が落ち着いていく。そして神秘的な雰囲気を持つ本殿が見えてくると、その美しさにため息が漏れる。

本殿の西には高さ約40mの滝がある。雲仙を流れる清流・西郷川の基点で、この一帯は水源の森となっているのだ。

境内の奥には小さめの洞穴と祠があり、雰囲気を一層盛り上げてくれる。

64 | 福済寺

長崎県長崎市筑後町／マップp.173 E

　巨大な観音像がシンボルとなっている福済寺。1628（寛永5）年に建立された唐寺である。いずれも長崎市内にある唐寺の興福寺、聖福寺、崇福寺とあわせて「長崎四福寺」と呼ばれる。

　中でも福済寺は特に大きな寺院であったといわれるが、長崎に投下された原爆により焼失。現在は、1979（昭和54）年に建てられた「万国霊廟 長崎観音」が長崎の街を静かに見守っている。

　亀の形をした霊廟の上に立つ観音像は、原爆被災者をはじめとする戦没者の冥福を祈って建てられたもので、高さは34mもある。所在地は長崎駅のほど近くだが、主要道からは見えにくい位置にあり、これだけ巨大な像でありながら観光客の目に留まることは少ないと思われる。「長崎四福寺」の中でも異色の雰囲気を持った唐寺である。

長崎の街を見守る
巨大な観音像

石灯籠が醸し出す神秘的情景

　高森町上色見地区にある上色見熊野座神社は、高森町の四大熊野座神社のひとつ。鳥居をくぐると、杉林に囲まれた中、参道沿いに97基もの石灯籠が並んでおり、厳かな雰囲気を醸し出している。

　参道に朝もやがかかる日には、周りの鬱蒼とした雰囲気も手伝ってか、まるで異世界へと続く道のようにも感じられる。

　現在の社殿は1722（享保7）年に建立されたものだが、周辺では4〜5世紀頃の古墳も見つかっており、この地における信仰ははるか昔から続いてきたと考えられている。

66│水島と龍神社

熊本県八代市植柳下町／マップp.174 F

　国の名勝にも指定されている八代市の水島。『万葉集』に「聞きしごとまこと貴く奇しくも神さびをるかこれの水島」（伝え聞くように、貴く、不思議なほど神々しい、この水島）と歌われた小島である。また『日本書紀』にも、景行天皇がこの地を訪れた際、水が湧き出てきたと記されている。

　水島の手前にある龍神社は明治時代に創建された。龍神を祀っており、水島を守護しているという。満潮時には海に浮かんで見える神秘的な神社である。

　干潮時に水島へ渡ってみると祠が祀られており、いかにも伝説の地といった雰囲気。潮の満ち引きで景観が大きく変化するパワースポットである。

67│天岩戸神社

宮崎県西臼杵郡高千穂町岩戸／マップp.175 G

日本神話の中でも特に有名な天照大御神の「岩戸隠れ」の神話。神話に登場する「天岩戸」とされる洞窟を御神体とするのが、宮崎県高千穂町にある天岩戸神社だ。

岩戸川を挟んで西本宮と東本宮があり、川の少し上流には、天照大御神が天岩戸に隠れた時、八百万の神が集まり神議したと伝えられる大洞窟「天安河原」がある。石積みをして願い事をすると叶うといわれており、祈願を行う人たちの手によって無数の小石が積まれている。その景観が、さらに厳かな雰囲気を醸し出す。

足を踏み入れると、ピンと張り詰めた空気に自然と背筋が伸びる。

神々が集った
九州随一のパワースポット

天岩戸神社西本宮

天安河原

その数700体以上
圧巻の石像群

68 | 高鍋大師

宮崎県児湯郡高鍋町持田／マップp.175 H

　高鍋大師は地元に住む岩岡保吉氏が
1932（昭和7）年頃から1976年にかけて
彫り続けた石像群である。

　岩岡氏は若い頃に四国八十八カ所を巡
って感銘を受け、高鍋に八十八カ所巡り
を再現することを決意。完成後、この地
にある持田古墳群に眠る古代人を供養す
るため、生涯をかけてたった1人で700
体以上の石像を制作し続けたという。

　所狭しと立ち並ぶ石像はとにかく圧巻。
表情豊かで一見ユニークな造形だが、像
からは今でも、制作者の篤い信仰心と熱
意を感じることができる。

九州異世界遺産
掲載スポット
MAP

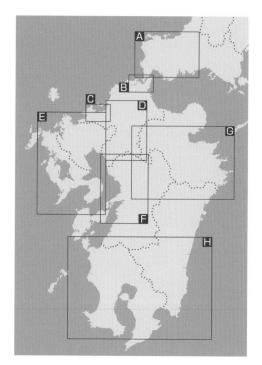

本マップは、おおまかな場所や各スポットの位置関係を把握するためのものです。また、諸事情により見学できない場合もあります。実際に訪れる時は、各種ホームページなどで詳しい場所や公開状況をご確認ください。

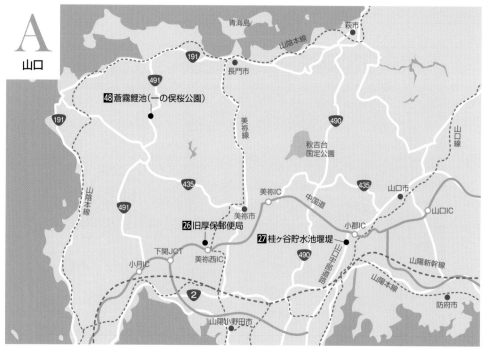

A
山口

48 蒼霧鯉池（一の俣桜公園）

26 旧厚保郵便局

27 桂ヶ谷貯水池堰堤

青海島　萩市
山陰本線
長門市
美祢線
秋吉台国定公園
山口線
山口市
美祢IC　中国道
美祢市
山口IC
下関JCT
美祢西IC
小月IC
小郡IC
山陽新幹線
山陽本線
防府市
2
山陽小野田市

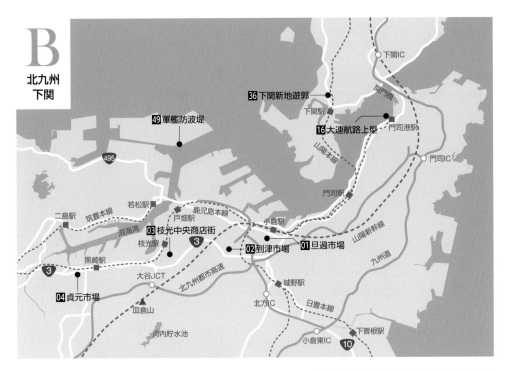

B

北九州
下関

下関IC

関門橋

36 下関新地遊郭

16 大連航路上屋

下関駅

門司港駅

門司IC

495

山陽本線

門司駅

九州道

49 軍艦防波堤

若松駅

鹿児島本線

小倉駅

二島駅

筑豊本線

戸畑駅

山陽新幹線

洞海湾

03 枝光中央商店街

枝光駅

3

02 到津市場

01 旦過市場

黒崎駅

大谷JCT

北九州都市高速

城野駅

3

04 貞元市場

皿倉山

北方IC

日豊本線

下曽根駅

河内貯水池

小倉東IC

10

C

福岡
糸島

志賀島

香椎駅

西戸崎駅

3

糸島半島

能古島

貝塚駅

鹿児島本線

29 今津干潟

08 赤坂門市場

吉塚駅

九州大

06 祇園ビル

福岡空港駅

福岡都市高速

天神駅

博多駅

今宿駅

姪浜駅

西新駅

07 三角市場

筑肥線

地下鉄空港線

六本松駅

202

地下鉄七隈線

竹下駅

筑前前原駅

福岡前原道路

天神大牟田線

橋本駅

七隈駅

九州新幹線

一貴山駅

37 神在神社の神石

263

福岡都市高速

385

202

博多南駅

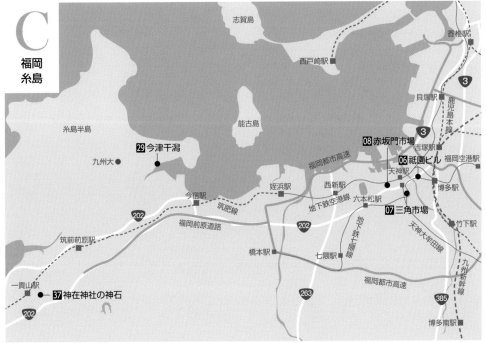

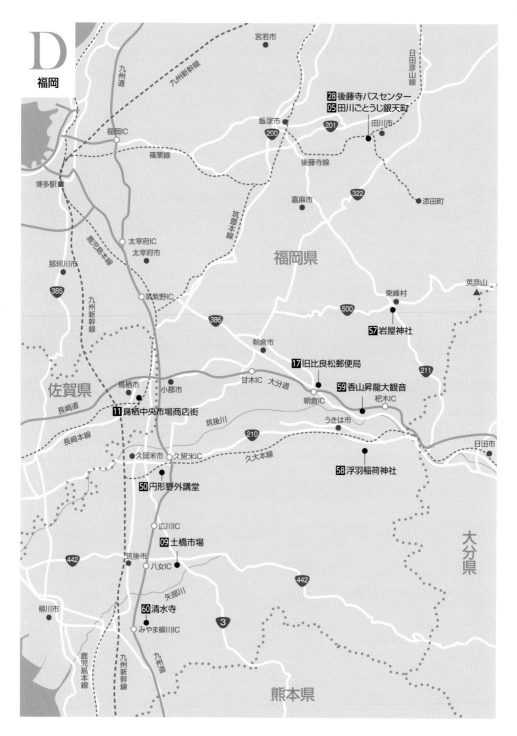

宮若市

日田彦山線

九州道

九州新幹線

28 後藤寺バスセンター
05 田川ごとうじ銀天町

福岡IC

飯塚市
200

201

田川市

篠栗線

後藤寺線

博多駅

添田町
322

鹿児島本線

筑豊本線

嘉麻市

太宰府IC
太宰府市

福岡県

那珂川市

385

九州新幹線

英彦山

筑紫野IC

500

東峰村

386

57 岩屋神社

朝倉市

211

佐賀県

17 旧比良松郵便局

甘木IC
大分道

鳥栖市

小郡市

朝倉IC

59 香山昇龍大観音

長崎道

11 鳥栖中央市場商店街

筑後川

杷木IC

長崎本線

久留米市

久留米IC

久大本線

うきは市

日田市

210

50 円形野外講堂

58 浮羽稲荷神社

広川IC

大分県

09 土橋市場

442

筑後市

八女IC

矢部川

442

柳川市

3

60 清水寺

みやま柳川IC

鹿児島本線

九州道

九州新幹線

熊本県

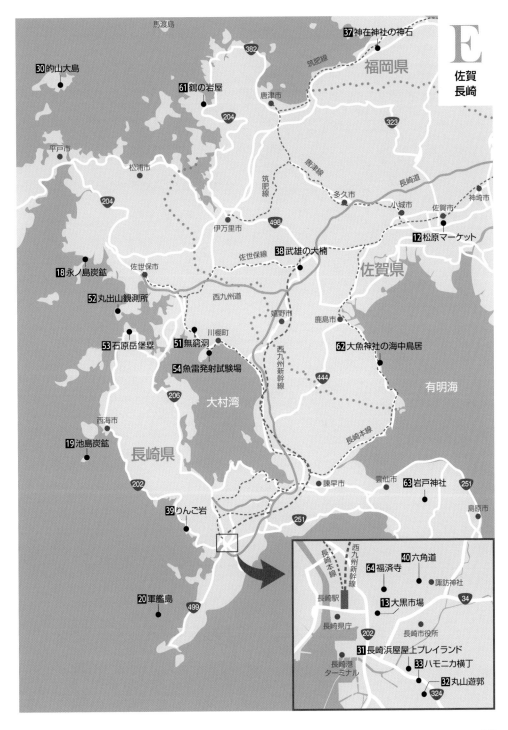

37 神在神社の神石

30 的山大島

61 鶴の岩屋

福岡県

馬渡島

筑肥線

382

唐津市

204

323

平戸市

松浦市

唐津線

多久市

長崎道

小城市

神埼市

佐賀市

12 松原マーケット

204

筑肥線

伊万里市

498

佐世保線

38 武雄の大楠

佐賀県

18 永ノ島炭鉱

佐世保市

52 丸出山観測所

西九州道

嬉野市

鹿島市

62 大魚神社の海中鳥居

53 石原岳堡塁

川棚町

51 無窮洞

西
九
州
新
幹
線

444

有明海

54 魚雷発射試験場

206

大村湾

長崎本線

西海市

19 池島炭鉱

長崎県

諫早市

雲仙市

63 岩戸神社

251

202

島原市

39 りんご岩

251

20 軍艦島

499

長崎本線

西九州新幹線

40 六角道

64 福済寺

諏訪神社

長崎駅

13 大黒市場

34

長崎県庁

202

長崎市役所

31 長崎浜屋屋上プレイランド

33 ハモニカ横丁

長崎港
ターミナル

32 丸山遊郭

324

173

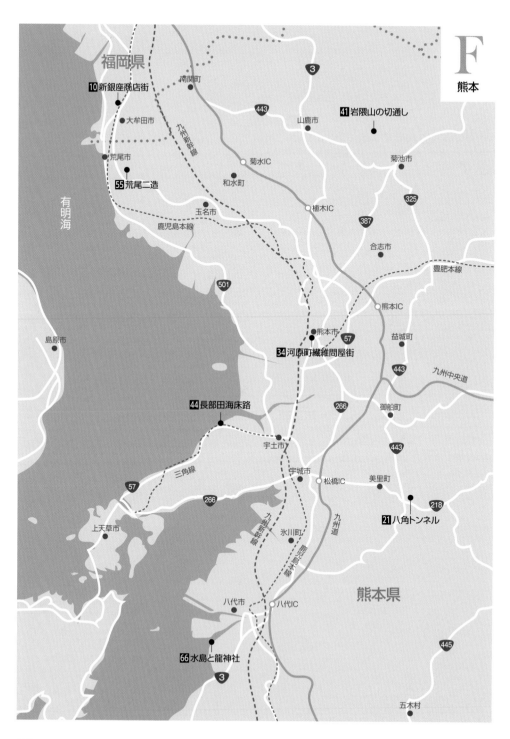

福岡県

10 新銀座商店街

南関町

3

443

山鹿市

41 岩隈山の切通し

大牟田市

菊池市

荒尾市

九州新幹線

菊水IC

55 荒尾二造

和水町

植木IC

325

387

玉名市

鹿児島本線

合志市

有明海

501

熊本IC

豊肥本線

島原市

熊本市

57

益城町

34 河原町繊維問屋街

443

九州中央道

44 長部田海床路

266

御船町

宇土市

443

三角線

宇城市

松橋IC

美里町

57

266

氷川町

九州道

218

21 八角トンネル

上天草市

八代市

八代IC

熊本県

九州新幹線

445

66 水島と龍神社

3

五木村

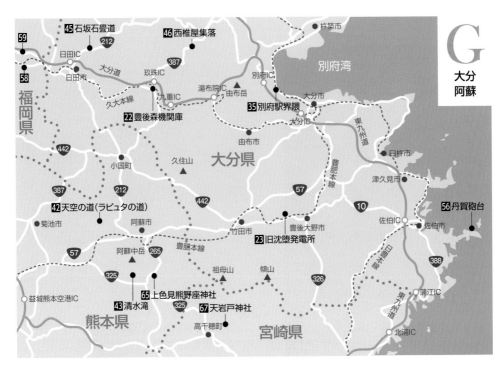

G

45 石坂石畳道
212
日田IC
59
58
福岡県
日田市
大分道
玖珠IC
久大本線
九重IC
湯布院IC
387
46 西椎屋集落
玖珠IC
由布岳
別府IC
別府湾
杵築市

22 豊後森機関庫
35 別府駅界隈
大分市
大分IC
東九州道

由布市
442
小国町
久住山
大分県
豊肥本線
臼杵市

42 天空の道(ラピュタの道)
387
212
442
57
津久見市
佐伯IC
10
56 丹賀砲台
佐伯市

菊池市
阿蘇市
竹田市
豊後大野市
388

57
阿蘇中岳
265
豊肥本線
23 旧沈堕発電所
富士緑口
蒲江IC

325
祖母山
傾山
326
東九州道

益城熊本空港IC
65 上色見熊野座神社
325
北浦IC

熊本県
43 清水滝
67 天岩戸神社
高千穂町
宮崎県

H

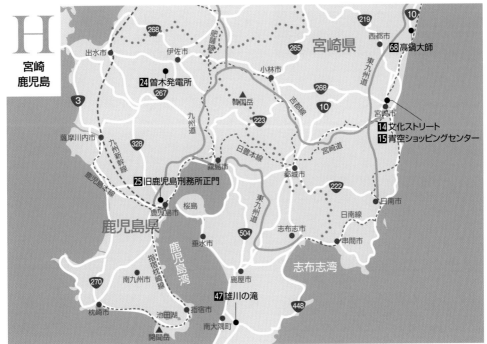

268
10
219
肥薩線
宮崎県
265
西都市

出水市
伊佐市
68 高鍋大師
東九州道

3
24 曽木発電所
267
小林市
268
10
宮崎市

九州道
韓国岳
223
吉都線
14 文化ストリート
15 青空ショッピングセンター

薩摩川内市
328
九州新幹線
日豊本線
宮崎道

鹿児島本線
霧島市
都城市
222

25 旧鹿児島刑務所正門
桜島
東九州道
日南線
日南市

鹿児島市
鹿児島県
志布志市
串間市
504

鹿児島湾
垂水市
志布志湾

270
南九州市
指宿枕崎線
鹿屋市
448

枕崎市
池田湖
47 雄川の滝

開聞岳
指宿市
南大隅町

本田純一 <ruby>ほんだ<rt></rt></ruby>・<ruby>じゅんいち<rt></rt></ruby>
フリーカメラマンとして福岡を中心に活動
する傍ら、プライベートでも主に西日本各
地で撮影活動を行っている。被写体は風景
写真のほか、歴史を感じさせるものに魅力
を見出し、近代建築物、戦争遺構や廃墟、
古い商店街など多岐にわたる。著書に『九
州・山口工場景』（海鳥社、2013年）があ
る。

九州異世界遺産　きゅうしゅういせかいいさん

2024年6月1日　第1刷発行
2024年11月1日　第2刷発行

著　者　本田純一
発行者　杉本雅子
発行所　有限会社海鳥社

　　　　〒812−0023　福岡市博多区奈良屋町13番4号
　　　　電話092（272）0120　FAX092（272）0121

印刷・製本　瞬報社写真印刷株式会社
ISBN978-4-86656-163-9
http://www.kaichosha-f.co.jp
［定価は表紙カバーに表示］